OBSERVATIONS

SUR

LES PÊCHES ET LES PÊCHEURS DE LA MÉDITERRANÉE.

Legis virtus (hæc) est, imperare, vetare, permittere, punire. Digest.

Par C. J. HAMMEL, Avocat.

MARSEILLE,
TYPOGRAPHIE DE FEISSAT AÎNÉ ET DEMONCHY,
RUE CANEBIÈRE, N° 19.

1831.

OBSERVATIONS

SUR

LES PÊCHES ET LES PÊCHEURS

DE LA MÉDITERRANÉE.

OBSERVATIONS

SUR

LES PÊCHES ET LES PÊCHEURS

DE LA MÉDITERRANÉE.

*Legis virtus (hæc) est, imperare, vetare,
permittere, punire.* Digest.

Par C. J. HAMMEL, Avocat.

MARSEILLE,

TYPOGRAPHIE DE FEISSAT AINÉ ET DEMONCHY,

RUE CANEBIÈRE, N° 19.

1831.

OBSERVATIONS

SUR

LES PÊCHES ET LES PÊCHEURS

DE LA MÉDITERRANÉE.

U_N Code des Pêches en mer était depuis long-temps annoncé; il était d'autant plus attendu, qu'il était plus nécessaire. Cependant cette attente dure encore, et le vague de la législation sur une matière aussi importante, laisse souvent dans une incertitude augmentée par des réglemens, des décrets et des lois contraires les uns aux autres, parfois contradictoires, toujours enfreints par ignorance, modifiés par l'usage, détruits par de simples autorisations ou par tolérance; aussi les pêcheurs ne connaissant pas les règles qu'ils doivent suivre, se trouvent en contravention sans s'en douter.

Poursuivis, ils ne peuvent se défendre; condamnés, ils subissent leurs peines; tandis que s'ils connaissaient et leurs devoirs et leurs droits, ils éviteraient ces inconvéniens. Leurs devoirs sont de se conformer à des lois généralement inconnues; leurs droits consistent dans la faculté qu'ils ont de pêcher en tous lieux et en tout temps, pourvu qu'ils se conforment aux règles prescrites, et dans le privilége de nommer leurs juges.

Les prérogatives de ces derniers diminuent journellement par l'empire qu'exercent sur eux les chefs de la marine, et par les affaires que l'on soustrait à leur juridiction sans réclamation de leur part.

Le code des pêches en mer ne se compose donc que de la réunion des principes qui, en établissant les droits des pêcheurs, indiquent ce qui leur est ordonné, permis, défendu.

Les droits des pêcheurs de la Méditerranée, les seuls dont il s'agit ici, se réduisent à la liberté de pêcher et au privilége d'être jugés par leurs pairs.

L'exécution des exceptions et restrictions à ces droits illimités est leur unique devoir.

La pêche de la mer est libre et commune à tous

les Français, tant en pleine mer que sur les grèves. (*Art.* 1 , *tit.* 1 , *liv.* 5, *Ordonnance de la Marine du mois d'août* 1681.) Les étangs salés communiquant avec la mer sont réputés en faire partie. (*Art.* 5, *tit.* 2, *liv.* 1, *dite Ordonnance.— Arrêt du Conseil d'État du* 21 *décembre* 1790.)

La liberté de la pêche est un droit commun, car sans examiner si elle est la suite d'une concession, d'une faveur, de la tolérance ou de l'usage, elle est établie par la loi.

Il est inutile de parler, à ce sujet, des diverses discussions élevées dans le temps, relativement au domaine exclusif de la mer réclamé par certaines puissances : prétentions ridicules qui ne servirent qu'à démontrer le sot orgueil de ceux qui les élevèrent et la bassesse des courtisans qui les soutinrent. Il est également superflu de s'occuper du point jusqu'où, pour chaque État, s'étend ce domaine, en partant des côtes que mouille la mer, puisqu'il n'est question que des droits et des devoirs des personnes qui se livrent à la pêche: droits établis, devoirs imposés par le législateur.

Revenant donc à la liberté de la pêche, il est facile de s'apercevoir, et l'expérience avait démontré, que d'un principe aussi général il devait nécessairement résulter de grands abus. En effet, la plupart des pêcheurs, aveuglés par l'intérêt et ne calculant que sur le présent, auraient détruit le poisson, si l'on n'avait mis des restrictions à une liberté indéfinie, en conciliant ce qui lui était dû avec ce qu'exigeait la conservation de l'espèce. Aussi fut-il établi des bornes nécessitées par l'intérêt général, et ces dispositions conservatrices seraient la preuve la plus convaincante de la sollicitude des souverains, s'ils ne s'étaient pas écartés de ce but en sacrifiant cet intérêt général à l'intérêt de quelques-uns, et en substituant à des règles sages et salutaires des exceptions repoussantes.

Ainsi, la liberté de la pêche en mer est soumise à des restrictions, tant dans les procédés employés pour prendre le poisson, que dans la faculté générale de pêche en pleine mer et sur les grèves; les unes ont été jugées indispensables pour l'intérêt général, les autres par contraire n'ont été admises que dans l'intérêt d'une faible minorité.

Dans la première catégorie se trouvent la défense de pêcher en certains temps, dans des localités où la pêche nuirait à la reproduction de l'espèce, et la prohibition de se servir de plusieurs filets et engins.

Quoique les étangs salés soient, comme la mer elle-même, entièrement libres pour la pêche, il est cependant défendu de s'y livrer pendant les mois de l'année où les poissons s'y rendent et qui sont les mois de mars, avril, mai et juin.

Cette prévoyance serait sans effet si, pendant qu'on prend dans les étangs des mesures pour conserver le poisson, il était permis de le détruire au dehors ; aussi est-il défendu de pêcher ou faire pêcher avec quelque sorte de filets, instrumens ou engins que ce soit, ou de quelque manière que ce puisse être, aucun frai de poisson, connu sous le nom de blanchemélie, menusse, saumonelle, guildre, manne, semène et sous tout autre nom et dénomination ; d'en saler, ni vendre. (*Article* 28 *de la Déclaration du Roi du* 23 *avril* 1726.)

L'Ordonnance du 2 septembre 1726 étendit la prohibition à la pêche du poisson nommé blanche blanquet, et le tout fut confirmé par une Déclaration du 24 décembre de la même année.

Sont compris sous le nom de frai de poisson, tous les petits poissons nouvellement éclos et qui n'auront pas trois pouces entre l'œil et la queue. (*Art* 31 , *Décl. du* 23 *avril* 1726. — *Art.* 9, *Décl. du* 24 *décembre même année.*) Les petits poissons qui n'atteignent jamais cette dimension ne sont pas considérés comme frai , lorsqu'ils ne sont pas nouvellement éclos , et il en résulte que la pêche du *nonnat* autorisée par l'article 13 du tit. 2, liv. 5, Ord. 1681, continue d'être permise, excepté toutefois dans les mois de mars, avril et mai. Cette suspension est inutile, s'il est vrai, d'après l'opinion généralement reçue, que le non-nat se crée lui-même où est le produit de l'écume de la mer.

Ceux qui seraient convaincus d'avoir pêché du frai de poisson, auraient leurs bateaux, rets, filets, engins, instrumens et poissons confisqués, et serait le maître condamné à 100 francs d'amende, déchu de sa qualité de maître, sans pouvoir jamais en faire aucunes fonctions, ni être reçu pilote, pilote-lamaneur ou locman. En cas de récidive, la peine serait de trois ans de galères. (*Art.* 1, *Décl. du* 24 *décembre* 1726.)

La peine des galères est convertie pour les femmes, les filles et les veuves, en celle du fouet et du bannissement à temps ou à perpétuité. (*Art.* 8, *dite Déclaration.*)

Quelque grave que soit le délit de détruire le frai du poisson, et quoique l'article 484 du Code pénal porte que dans toutes les matières qu'il n'a pas réglées et qui sont régies par des lois et réglemens particuliers, les cours et les tribunaux continueront de les observer, on ne saurait raisonnablement penser que les galères, le fouet et le bannissement fussent, de nos jours, la peine à appliquer. En effet, la peine du fouet n'est plus dans nos mœurs, elle n'est pas comprise dans l'énumération de celles dont fait mention le Code pénal, et l'on ne peut pas d'ailleurs supposer qu'une contravention de pêche soit plus sévèrement punie qu'une soustraction frauduleuse.

Cependant il ne faut pas se dissimuler que la juridiction des prud'hommes pêcheurs étant souveraine, maintenue dans ses anciens priviléges et seule compétente dans cette matière, rien ne s'opposerait à ce qu'elle se guidât d'après les dispositions des déclarations sus énoncées et qui, pour elle, sont encore les seules en vigueur.

La conservation du poisson a nécessité d'autres précautions ; et d'abord, il est défendu de se servir de perches ferrées ou pointues pour battre l'eau (*art.* 8 , *tit.* 2 , *liv.* 5 , *Ord.* 1681.) ; de perches ferrées ou pointues, de câblières, pierres, boulets, chaînes de fer et tous autres instrumens, à peine de 100 francs d'amende, confiscation des bateaux, rets, filets et poissons, déchu le maître de sa qualité, sans pouvoir en faire aucunes fonctions à l'avenir, ni même être reçu pilote, pilote-lamaneur ou locman, et, en cas de récidive, de trois ans de galères. (*Art.* 20, *Décl. du Roi du* 23 *avril* 1726. — *Art.* 3, *tit.* 10, *Décl. du* 18 *mars* 1727.)

L'article 18, titre 3, livre 5, de l'Ordonnance de 1681, et la Déclaration du 18 décembre, interdisent de dreiger dans les moulières et d'arracher le frai des moules ; la peine contre les contrevenans étant, pour le premier cas, de confiscation des moules et instrumens, de 25 francs d'amende, et de 50 francs en récidive, *(art. 5 et 6, tit. 1, Décl. du 18 décembre 1728)* ; pour le second cas, de confiscation des bateaux et instrumens, ensemble des moules qui auront été pêchées, et de 50 francs d'amende contre le maître pour la première fois, et, en cas de récidive, de 100 francs *(art. 1, tit. 3, même Déclaration.)* Et pour mieux assurer l'observation de ces dispositions et de plusieurs autres, l'article 19, titre 3, livre 5, de l'Ordonnance de 1681, et l'article 3, titre 4, de la Déclaration du 18 décembre 1728, rendent les pères et mères responsables des amendes encourues par leurs enfans, et les maîtres de celles auxquelles leurs valets et domestiques auront été condamnés.

L'amende est une peine, et jamais elle ne devrait atteindre celui qui n'est pas coupable ; la responsabilité n'a lieu que pour les réparations civiles, et on serait fondé à se plaindre de l'injustice de cette innovation, si plus tard on ne l'avait pas renouvelée pour les délits commis dans les bois domaniaux , pour les contraventions en matière de douanes , etc.... Ce principe admis , il n'y aurait aucun inconvénient à faire subir aux héritiers d'un condamné décédé, l'emprisonnement que ce dernier aurait mérité.

Cette rigueur eût été inutile, s'il avait été permis de se servir de filets qui pussent détruire le frai du poisson. C'est pourquoi le législateur a défendu de pêcher, en aucune saison de l'année, avec collerets , seynes , ou autres semblables filets qui se traînent sur les grèves de la mer, (*art.* 16 , *tit.* 3, *liv.* 5, *Ord.* 1681); de traîner à la mer , le long des côtes et aux embouchures des rivières, des seynes, collerets , traînes , danets , drainaux, dravenets et autres semblables filets et instrumens traînans , sous peine de confiscation des bateaux, rets , filets et poissons, et de 100 francs d'amende contre le maître , icelui déchu de sa qualité et de la faculté d'en faire à l'avenir aucunes fonctions , privé en outre du droit d'être reçu pilote , pilote-lamaneur ou locman , et, en cas de récidive, de trois ans de galères. (*Art.* 1, 19, 20, 21 , *Décl. du* 23 *avril* 1726. — *Art.* 2, *tit.* 10, *décl. du* 18 *mars* 1727.) Tous les filets traînans sont donc interdits , mais la loi n'entend parler, par filets traînans , que de ceux qui raclent le fond de la mer. Aussi doit-on s'étonner que dans l'énumération de ceux qu'elle permet , l'Ordonnance de la marine du mois d'août 1681 en ait compris plusieurs qui rentrent dans la prohibition générale de l'article 16 , titre 3 , de son livre 5.

Cette contradiction provient sans doute de l'ignorance où l'on était que certains filets traînaient sur les grèves. De ce nombre est la dreige (*art.* 1 , *tit.* 2 , *liv.* 5 , *Ord. de* 1681), qui n'est autre que la pêche aux bœufs , antérieurement défendue par Édit du mois de mars 1584 , ainsi que tous filets traînans , plus tard par Arrêt du Conseil du 25 septembre 1725. Cette erreur fut réparée par la Déclaration du 23 avril 1726; d'autres arrêts et déclarations renouvelèrent et modifièrent une défense qui fut définitivement confirmée par le Décret du 8 décembre 1790.

Cependant les patrons pêcheurs des provinces du Languedoc et du Roussillon ayant élevé des réclamations , le Décret du 9 avril 1791 leur permit de faire la pêche aux bœufs , depuis le 1er juillet jusqu'au 1er avril , seulement sur leurs côtes , en se conformant aux dispositions prescrites pour les mailles des filets; mais, enfin, la loi du 21 ventose an II fit disparaître le ridicule du privilége accordé à certaines fractions du territoire français, à une époque où l'égalité, qui était un principe, était impunément détruite.

Cette loi proscrivit la pêche aux bœufs ou à la dreige, et en outre celle du ganguy que l'Ordonnance de 1681 autorisait pendant 9 mois de l'année. Elle régla également les peines encourues par les contrevenans.

« Tout contrevenant, porte l'article 2 dudit décret, sera condamné à 300 francs d'amende, au profit de la caisse des invalides de la marine. Les filets qui auront servi à ces pêches seront brûlés, et les bateaux, agrès et apparaux seront séquestrés pour sûreté du payement : ils seront même vendus pour opérer ledit payement, s'il n'a été autrement effectué dans la quinzaine, à compter du jour de la signification du jugement de condamnation.

« En cas d'une première récidive, l'amende sera double ; en cas d'une seconde récidive, elle sera triple, et ainsi de suite. » (*Art.* 3 *du Décret du* 21 *ventose an* 11.)

On ne saurait se dissimuler combien grande est la difficulté que présente la disposition de ce décret, relative à l'exécution des jugemens contre les personnes convaincues d'avoir pêché aux bœufs ou au ganguy. En effet, la signification du jugement de condamnation doit précéder de quinze jours la vente des objets séquestrés, tandisque la juridiction des prud'hommes pêcheurs,

seule compétente pour délits de pêches , est dis-
pensée , comme on le verra bientôt , de toute
écriture , ce qui présente une contradiction qu'on
ne peut expliquer qu'en admettant qu'il y a eu
dérogation quant à ce.

Ainsi donc, tous filets traînans, c'est-à-dire qui
raclent le fond de la mer , sont prohibés sans exception aucune ; parmi les autres, il en est de
permis toute l'année, il en est dont on ne peut se
servir dans certains temps ou certaines localités.

Les filets et les pêches en usage sur les côtes de
la Méditerranée, sont les mêmes que ceux de la
ville de Marseille, l'institution de toutes les juridictions de prud'hommes pêcheurs portant qu'ils
doivent se conformer aux lois, réglemens et statuts en vigueur dans ladite ville.

Ces pêches étaient et sont encore, d'après le
livre de la loi des patrons pêcheurs :

La ligne.	La battude.
La ligne de traîne.	La bouguière.
La cannette ou verge.	L'aiguillère.
La fourquette.	La rissole.
Le pallangre.	Le sardinal.
Les senches.	Les this ou dreige.
Le bregin ou bouliet.	L'entremaillade.
L'eissaugue.	La ségetière.
La tartane.	Le rais.

Le ganguy.   Le calen.

La thonaire ou scombrièr. Le foume ou dard.

La courrentille.   La fichure ou trident.

L'anguillard ou palami- La mujolière.

    dière.

La définition de chacune de ces pêches étant connue, il suffit de faire quelques observations.

Plusieurs d'entre elles se fesant à l'aide de filets traînans, rentrent dans la prohibition générale ; cependant les pêcheurs de Marseille ne connaissent aucunes règles autres que celles qui se trouvent dans leur livre de la loi , et qui sont souvent en opposition avec les lois en vigueur. Dès-lors, il est évident que la législation et la jurisprudence sur les pêches maritimes ne sont plus qu'un composé d'erreurs et de contradictions qu'une nouvelle législation peut seule faire disparaître.

Au reste, toutes les juridictions de Prud'hommes pêcheurs étant tenues de se conformer aux lois , réglemens et statuts en vigueur dans la ville de Marseille, doivent, comme celle de cette dernière , se guider d'après le livre de la loi ; mais ce livre unique, précieusement conservé par les Prud'hommes de Marseille, n'est connu par aucune autre juridiction. Aussi, la confusion est telle, qu'au mépris des lois existantes, chaque localité a ses usages particuliers, auxquels les pêcheurs se con-

forment et que l .. F ud'hommes font exécuter ;
chaque quartier se dirige à son gré : la pêche aux
bœufs défendue par la Loi du 21 ventose an 11 ,
celle du ganguy prohibée par la même loi , con-
tinuent à se faire , la première en Languedoc ,
la seconde à Marseille ; partout la pêche varie , ce
qui ne permet que d'établir comme positif les
divers genres de pêche permis, sans chercher à
connaître les motifs qui font tolérer ceux qui ne
le sont pas.

Déjà l'on a vu toutes les précautions que le
législateur a jugé nécessaires pour la conservation
du poisson ; elles paraissent plus que suffisantes ,
néanmoins l'avidité aurait trouvé le moyen de les
rendre illusoires. C'est pour en prévenir les effets,
que l'Ordonnance de 1681 , article 12, titre 2 ,
livre 5, défend aux pêcheurs d'employer la résure,
et aux marchands d'en vendre , qu'elle n'ait préalablement été visitée et trouvée bonne, et que
l'article 29 de la Déclaration du 23 avril 1726
prononce 100 francs d'amende, et 1,000 francs
en cas de récidive, contre ceux qui jetteraient le
long des côtes, embouchures des rivières , dans
les mares et les étangs salés , de la chaux, des noix
vomiques, noix de cyprès, coques de Levant,
momie , musc et autres drogues pour servir
d'appât et empoisonner le poisson. Il résulte de

ces dispositions que l'emploi de toutes les drogues qui viennent d'être énumérées est défendu d'une manière absolue, à l'exception de la résure dont on peut se servir, pourvu qu'elle ait été vérifiée et trouvée de bonne qualité.

Quant aux filets permis, ils présenteraient les mêmes inconvéniens que ceux frappés d'interdiction, si la dénomination de chacun d'eux était la seule base de la permission ou de la défense. C'est pourquoi les mailles de chaque filet sont déterminées, soit par l'Ordonnance de 1681, soit par les déclarations et réglemens postérieurs ; mais on peut d'autant plus se dispenser d'énumérer les variations qui ont eu lieu sur les dimensions des mailles, qu'il y a dans chacun des chefs-lieux d'inscription maritime un modèle des mailles de chaque espèce de filets (*art.* 16, *tit.* 2, *liv.* 5, *Ord.* 1681, — *art.* 5, *tit.* 10, *Décl. du Roi du* 18 *mars* 1727), et que toute personne peut s'y rendre pour s'éclairer.

Si toutefois la loi se bornait à ces mesures conservatrices, combien d'accidens n'aurait-on pas à redouter ! C'est pour les prévenir que l'Ordonnance de la marine de 1681, art. 3, tit. 1, liv. 5, exige que les personnes qui font la pêche du poisson frais avec bâtimens portant mât, voiles et gouvernail, prennent un congé *par chacun an.*

Cette obligation est imposée à tous les pêcheurs, puisque tous ils doivent avoir des bateaux avec quilles, mât, voiles et gouvernail, à peine de confiscation des bateaux, filets, poissons, et de 100 francs d'amende. (*Art.* 26 *de la Décl. du Roi du* 23 *avril* 1726.)

L'article 6 du titre 2, livre 5 de la même Ordonnance de 1681, prescrit aux pêcheurs qui voudront pêcher pendant la nuit, de montrer trois différentes fois un feu dans le temps qu'ils mettront leurs filets à la mer, à peine de 50 francs d'amende et de réparation de toutes pertes et dommages qui en pourraient arriver. Et lorsque les filets d'un bateau dreigeur seront arrêtés et retenus par quelques ancres, rochers ou autre chose semblable, en sorte qu'il ne puisse dériver, l'article 7 ordonne, sous les mêmes peines, de montrer, pendant la nuit, un feu tant que le bateau demeurera sur le lieu où les filets seront attachés.

En cas d'abordage ou de tout autre accident arrivé par suite de la non-exécution des règles tracées dans les articles précédens, le maître du bateau pêcheur supporterait à la fois et en entier tant le dommage qu'il aurait éprouvé que celui qu'il aurait occasioné.

Ces dispositions sont pour empêcher les abordages , et Valin observe très-judicieusement que quoiqu'il soit parlé dans l'article 7 des bateaux dreigeurs, ce n'est que par forme d'exemple, et que ce qu'il ordonne s'applique à tous les bateaux de pêche. Le même commentateur ajoute que les feux dont il vient d'être parlé ne devraient pas être montrés si le bateau se trouvait dans un endroit périlleux , car au lieu d'être utiles , ils seraient dangereux.

C'est également pour la sûreté des équipages et pour le bon ordre que les pêcheurs arrivant à la mer ne doivent pas mettre et jeter leurs filets en lieu où ils puissent nuire à ceux qui se seront trouvés les premiers sur le lieu de la pêche ou qui l'auront déjà commencée , à peine de tous dépens, dommages et intérêts, et de 50 francs d'amende (*art.* 9 , *tit.* 2 , *liv.* 5 , *Ord.* 1681), et que ceux qui se trouvent dans une flotte de pêcheurs , et qui quittent leur rang pour se placer ailleurs , après que les pêcheurs de la flotte auront mis leurs filets à la mer, seront passibles des mêmes peines. (*Art.* 10, *mêmes titre, livre et Ordonnance.*)

Usant donc du bénéfice de la loi , les pêcheurs se seraient souvent placés à demeure dans les lieux les plus propices , si l'on n'avait paré d'une manière quelconque à cet inconvénient et si des réglemens n'eussent pourvu.

Par Ordonnance du 20 novembre 1791 , les Prud'hommes pêcheurs de la ville de Marseille prescrivirent l'exécution des réglemens sur la pêche, sous les peines portées par lesdits réglemens, et les dommages et intérêts de ceux qui auraient à souffrir des contraventions. Cette ordonnance n'est que la répétition de l'article 1 du Décret du 8 décembre 1790, sanctionné le 12 du même mois, qui maintient les lois, statuts et réglemens sur la police et les procédés de la pêche, particulièrement les réglemens sur les faits et procédés de la pêche en usage à Marseille, autres cependant que ceux du 29 décembre 1786 et du 9 mars 1787.

Des réglemens dont l'observation est ordonnée, les uns déterminent que les eissaugues, tartanes et autres filets traînans qui peuvent préjudicier aux battudes et filets de poste, jouiront des mers pendant le jour, et les autres pendant la nuit. Le jour s'entend du soleil levant au soleil couchant, et la nuit du soleil couchant au soleil levant.

Il a été déjà dit que les filets traînans sont prohibés, et il faut remarquer que par filets traînans on n'entend pas seulement ici ceux qui raclent le fond de la mer, mais encore ceux qui ne sont pas à poste fixe et qui, sans traîner sur les grèves, suivent les mouvemens des bateaux à la voile.

D'autres fixent, dans le ressort de la juridiction de Marseille, le mode de prendre place dans les divers postes favorables pour la pêche.

A cet effet ils statuent que le port de la ville de Marseille sera le point de départ des bateaux qui doivent y être rendus le samedi soir, et ne peuvent en sortir que le soir du dimanche, au moment où le fanal des pêcheurs est éclairé, ou au soleil couchant, pour avoir le droit de concourir aux choix des postes de la pêche. On reconnaît dans cette mesure la double intention de conserver l'égalité parmi les pêcheurs, et de contraindre ces derniers à la célébration des fêtes et dimanches ; aussi ne conçoit-on pas pourquoi l'archevêque d'Arles, qui, ministre de la religion, devait prêcher l'exécution des préceptes de l'Église, donna le 4 août 1533, aux patrons pêcheurs de Martigues, la permission de pêcher le dimanche.

Il est enfin des réglemens qui limitent le nombre de filets que peut avoir chaque bateau.

Plusieurs autres dispositions furent jugées indispensables, les unes dans l'intérêt général, les autres dans l'intérêt des pêcheurs en particulier. Il serait impossible de faire le détail de toutes ces règles, auxquelles sont tenus de se conformer tous les pêcheurs des côtes de la Méditerranée.

Mais de quel étonnement n'est-on pas frappé

en rencontrant parmi tant des sages mesures, l'article 15, titre 2, livre 5 de l'Ordonnance de 1681, qui défend de prendre avec des fichures les poissons enfermés dans les battudes et autres filets tendus dans les étangs salés, à peine de punition corporelle; comme s'il était permis de les prendre de tout autre manière, et qu'il fût nécessaire d'une disposition expresse pour établir que s'emparer du bien d'autrui [est une action coupable constituant un vol.

L'intérêt de tous fut l'unique base de ces principes généraux sur la pêche; il reste à connaître les restrictions à la liberté de cette même pêche, créées dans l'intérêt particulier.

Elles consistent dans la défense de pêcher dans certains lieux déterminés où ce droit est exclusivement réservé à une ou à plusieurs personnes.

Les madragues et les bordigues donnent ce droit exclusif à ceux qui en sont propriétaires ou concessionnaires ; les unes et les autres sont un certain espace dans les eaux de la mer où l'on prend le poisson par des procédés qui sont propres à chacune de ces pêcheries. En général les bordigues sont placées dans les canaux qui de la mer communiquent aux étangs salés.

L'établissement de ces pêcheries ne pouvait avoir lieu sans une autorisation royale. (*Art.* 1 ,

(25)

tit. 4, *liv.* 5, *Ord.* 1681.) Le même article prononçait la peine de confiscation et de 3,000 francs
d'amende contre ceux qui poseraient en mer des
madragues ou y construiraient des bordigues,
sans avoir préalablement obtenu ladite autorisation. Ces dispositions sont encore en vigueur pour
les bordigues ; mais quant aux madragues, il y a
été dérogé, elles se calent en suite de la permission
du ministre de la marine. Cette permission doit
être enregistrée au bureau de l'inspection du port
dont la madrague dépend. (*Art.* 1, *Arrêté du* 9
germinal an 9, 30 *mars* 1801.)

L'article 4 du même titre et du même livre de
l'Ordonnance de 1681, fait défenses de placer
aucune madrague ou bordigue dans les ports ou
autres lieux où elles puissent nuire à la navigation.
Il semblerait que cette disposition est superflue,
puisque les madragues et les bordigues ne peuvent,
d'après l'article 1 de l'Ordonnance, être placées
et construites qu'après avoir obtenu une permission expresse, et dans un lieu désigné ; mais il
est facile de reconnaître que l'article 4 déroge, en
certains cas, à l'article 1, en ce sens, que toutes
les fois où le Roi permettrait de placer une madrague ou de construire une bordigue dans des
ports ou autres lieux où elles seraient nuisibles à
la navigation, cette autorisation serait considérée

comme nulle, non avenue et surprise à la religion du souverain.

L'application de cet article devient impossible pour les madragues, puisque la permission de caler ces dernières n'est donnée, aux termes de l'article 2 de l'Arrêté du 9 germinal an 9, que d'après un procès verbal dressé par l'administration de la marine sur l'ordre du Préfet maritime. Ce procès verbal doit constater que la madrague dont l'établissement est demandé ne peut nuire en aucune manière à la navigation. Ces formalités préalables n'étant pas exigées pour les bordigues, tout ce qui a rapport à ces dernières continue à être régi par l'Ordonnance de 1681.

Par une conséquence nécessaire de ces principes, tous dommages occasionés par des madragues ou bordigues établies sans permission expresse, ou placées dans les lieux qui viennent d'être désignés, seraient supportés par les propriétaires de ces derniers, qui seraient en outre privés de leurs droits. (*Art.* 4, *tit.* 4, *liv.* 5, *Ord.* 1681.) Il faut remarquer que la défense étant absolue pour l'établissement de ces pêcheries sans permission, et pour leur placement en certains lieux, même avec autorisation, le délinquant n'a pu acquérir aucuns droits ; c'est donc à tort que l'ordonnance en prononce la privation, car ce serait admettre qu'une infraction à la loi a pu légitimer une usurpation.

Ces obligations sont communes aux propriétaires ou fermiers des madragues et bordigues ; il en est qui sont imposées à ceux des unes et des autres séparément, et qu'ont nécessité les différences existant entre ces deux sortes de pêcheries. Il est indispensable de les connaître.

Partout où existent des madragues autorisées, le propriétaire a seul le droit d'y pêcher, droit dont il est défendu d'entraver l'exercice ; aussi les pêcheurs ne pouvaient tendre des thonaires ou scombrières dans le voisinage des madragues qu'à deux milles au moins du côté du levant et abord des thons. (*Art.* 5, *tit.* 4, *liv,* 5 , *Ord. de* 1681.) Cette distance n'est plus de rigueur, on est actuellement libre de tendre ces filets et de pêcher dans le voisinage des madragues, pourvu qu'on se tienne à une distance *suffisante* pour ne pas leur nuire. (*Art.* 8 *du Décret du* 9 *germinal an* 9.)

Il est une observation très-importante à faire sur la rédaction des articles 1 de l'Ordonnance et de l'Arrêté précités, c'est que dans les deux elle est également vicieuse. Le mot *madrague* est suivi de ceux, ou *filets à pêcher les thons* ; ces expressions pourraient faire présumer que la pêche aux thons n'est permise qu'aux propriétaires ou fermiers de madragues, tandis que les thonaires et scombrières dont les pêcheurs sont autorisés à se servir, sont aussi des filets à pêcher les thons. Ces derniers ne sont donc pas prohibés, et la défense ne s'étend qu'aux procédés employés dans les madragues.

L'intérêt de la navigation exige cependant que les propriétaires de ces établissemens ne puissent nuire aux autres pêcheurs et aux navires, c'est pourquoi ils sont tenus de mettre sur les extrémités des filets les plus avancés en mer, des orins, bouées ou gaviteaux qui sont des signaux pour indiquer jusqu'où s'étendent les limites des madragues, à peine des dommages et intérêts qui arriveraient faute de l'avoir fait. (*Art.* 3 , *tit.* 4 , *liv.* 5 , *Ord.* 1681. — *Art.* 6 *du Décret du* 9 *germinal an* 9.)

Il est évident qu'un propriétaire de madrague qui contreviendrait à ce que prescrivent les articles qui précèdent, serait tenu de réparer le dommage causé, et ne serait pas fondé à se plaindre de celui qu'il aurait éprouvé. Il y a plus, c'est qu'il ne pourrait pas exiger que les pêcheurs se tinssent à une distance suffisante pour ne pas lui nuire, ni obtenir condamnation contre eux pour ne l'avoir pas fait. En effet, on est censé ignorer où se trouvent les limites d'une madrague, lorsqu'elles ne sont pas indiquées par les moyens que la loi prescrit.

C'est également pour la sûreté des navires qu'il est défendu, en levant les madragues, d'y laisser les pierres et bandes qui y sont attachées. (*Art.* 4, *tit.* 4, *liv.* 5, *Ord.* 1681.)

Quoique l'Ordonnance du mois d'août de l'année 1681 soit, sous bien de rapports, conforme à l'arrêté du 9 germinal an 9, il existe entre eux une différence bien frappante. Dans la première, ceux qui ont obtenu la permission de caler des madragues sont désignés sous le nom de propriétaires; ainsi ceux qui ont eu cette autorisation sous son empire sont devenus maîtres de l'emplacement à eux concédé. Dans le décret la permission ne donne qu'un droit temporaire, sous certaines conditions et moyennant une rétribution. Dès-lors, à dater du 9 germinal an 9 et à l'avenir la propriété de nouvelles madragues n'a plus pu et ne peut plus s'acquérir.

Il résulte de tout ce qui précède que les propriétaires, concessionnaires ou fermiers de madragues ont seuls le droit de pêcher dans la localité où ils ont obtenu la permission de les placer, mais qu'ils n'ont pas la faculté de pêcher des thons à l'exclusion de tous autres.

Si des navires étaient entraînés par force majeure dans une madrague ayant à ses extrémités des orins, bouées ou gavitaux, et qu'ils essuyassent des dommages, on n'aurait à faire aucune réclamation pour la réparation du préjudice souffert, comme aussi le propriétaire ou fermier de la madrague ne pourrait demander aucuns dommages et intérêts aux propriétaires des navires, si ceux-ci ne s'étaient pas trop approchés, et qu'on ne pût imputer cet accident à une fausse manœuvre.

Quoique les pêcheurs soient autorisés à s'approcher des madragues autant qu'il leur plaît, s'ils venaient à leur nuire la question se réduirait à examiner s'ils n'ont pas gardé une distance suffisante : s'il en était ainsi, nul doute qu'ils seraient responsables des dommages qu'ils auraient occasionés ; dans le cas contraire, ils ne seraient tenus de rien.

Réparer le dommage causé à autrui est un principe dicté par l'équité et consacré par la loi ; c'est cependant la seule peine prévue par l'Arrêté du 9 germinal an 9. On ne saurait se persuader que l'intention du législateur ait été de n'infliger aucune punition à ceux qui par l'infraction des règles qu'il a établies compromettent et la fortune des citoyens et l'existence des navigateurs.

La seule conclusion que l'on puisse tirer de ce

silence, est qu'il n'est rien dérogé, quant à ce, à tout ce qui est prescrit par les lois antérieures, notamment par l'Ordonnance de 1681. Ainsi donc, indépendamment de la responsabilité à laquelle sont soumis les propriétaires ou fermiers de madragues, lorsqu'ils ne se sont pas conformés à ce qu'ordonne la loi, ils sont privés de leurs droits. *(Art. 3 et 4, tit. 4, liv. 5, Ordonn. 1681.)* Et toutes personnes qui poseraient en mer des madragues sans la permission exigée par l'article 1 de l'Arrêté du 9 germinal an 9, seraient condamnées à 3,000 francs d'amende avec confiscation des filets. (*Art.* 1, *mêmes tit. et liv. de l'Ordonn. de* 1681.)

Quant aux propriétaires et fermiers de bordigues, comme leurs établissemens sont ordinairement placés dans des canaux, ils sont tenus de curer annuellement lesdits canaux et fosses, chacun à l'endroit et dans l'étendue de sa bordigue, en sorte qu'il y ait en tout temps quatre pieds d'eau au moins, à peine d'y être mis ouvriers à leurs frais. (*Art.* 6, *tit.* 4, *liv.* 5, *Ordonn. de* 1681.)

L'article 4 du même titre défend de placer des bordigues là où elles pourraient nuire à la navigation. Il suffirait, pour s'assurer de l'inexécution de la loi, de se transporter dans la ville de Martigues, parce que le grand nombre de bordigues

construites dans les canaux qui alimentent les
étangs de Berre et de Caronte, peut faire consi-
dérer cette localité comme le siége principal de
ces pêcheries. On y verrait les bâtimens et même
les bateaux plats arrêtés à chaque instant par la
vase qui obstrue les canaux, et l'autorité compétente demeurée pendant trente ans impassible,
la circulation gênée, la navigation entravée et la
plupart des canaux presque atterris ; mais tout
fait espérer que le nouvel administrateur de cette
ville prendra des mesures pour détruire des abus
qu'il condamne.

Les canaux doivent être tous les ans visités par
les officiers du lieu, assistés des consuls. (*Réglement du 11 juillet* 1506.) Il ne faut donc pas être
surpris que les obligés aient négligé de se conformer à la loi, quand ceux chargés de la faire
exécuter n'en manifestaient pas même l'intention.

La propriété des bordigues n'en est pas moins
soumise à deux obligations essentielles, celle de
payer 300 francs d'amende, et de supporter
les frais de curage quand les canaux n'ont pas
quatre pieds d'eau, et celle de ne pas entraver
la navigation. Ce sont les conditions de la concession qui n'aurait pas eu lieu sans elles, il n'y
a que l'alternative de les remplir ou de renoncer
à la propriété.

Antérieurement à l'Ordonnance de 1681, le réglement de 1506, déjà cité, ordonnait qu'il serait
planté des termes au-delà desquels il serait défendu de prolonger les canaux et sèdes; que les
canaux seraient curés, et que le passage ne pourrait être empêché.

Le 1er octobre 1625, une sentence du Lieutenant
de l'Amirauté de Martigues établit que les barques et tartanes avaient la faculté d'aborder les
ponts de Caronte et autres lieux, et y vendre leurs
marchandises. Un Arrêt du Parlement de Provence
du 12 novembre 1627 confirma la défense de prolonger les sèdes, lambres, canaux et canallons
des bordigues; il maintint en outre les habitans
et étrangers dans le droit d'aborder, prendre port
avec leurs barques, charger et décharger, vendre
et débiter leurs denrées, séjourner avec leurs barques, lahuts et tartanes, tout le long des canaux
et sèdes, aux lieux appelés *descargadous*; il ordonna qu'il serait donné auxdits canaux la profondeur de cinq pans au moins également et partout, et prononça une amende de 100 francs et
la confiscation des bateaux contre ceux qui jetteraient, en creusant et curant les canaux, la boue
en provenant, soit dans lesdits canaux, soit dans
les ports et étangs.

Mr de Paule, conseiller au Parlement, fut nom

mé pour l'exécution de cet arrêt ; son rapport est à la date du 25 janvier 1628.

Enfin, les Arrêts du Conseil d'État des 25 août 1781 et 21 décembre 1790 renouvelèrent ces dispositions, dont l'exécution fut ordonnée, notamment par Arrêté du Conseil de Préfecture des Bouches-du-Rhône, à la date du 9 mars 1808.

On voit que toujours une des principales obligations des propriétaires ou fermiers de bordigues a été de curer annuellement les canaux, mesure exigée pour que la marche des navires soit entièrement libre et la circulation sans obstacle.

Les bordigues doivent donc être placées dans les canaux de manière à ne pas empêcher le passage ; seulement il est permis aux propriétaires de placer sur l'ouverture à ce destinée un filet appelé *capoulière*, pour que le poisson ne puisse pas s'échapper, mais qui doit se baisser chaque fois qu'un bateau se présente. Cependant il est des canaux entièrement barrés par des pieux qui interdisent le passage, et des propriétaires de bordigues s'opposent même à ce qu'on aborde les quais et rues de la ville.

Ces faits et prétentions sont demeurés sans réclamation aucune ; on a toléré les uns et respecté les autres, par la crainte qu'ont toujours eue, les personnes peu fortunées, de soutenir individuelle-

ment un procès contre de riches propriétaires.
Nul de ces derniers n'a plus de droits qu'un autre,
il doit curer annuellement ses canaux, non pour
que les poissons entrent dans sa bordigue en
plus grande quantité, mais pour que les bâtimens
puissent librement circuler; on ne saurait s'y
opposer, chacun ayant la faculté *d'aborder*,
*prendre port avec barque, charger et décharger,
vendre et débiter ses denrées et marchandises
tout le long des canaux et sèdes de Caronte.*
(*Arrêt du Parlement de Provence du 12 novembre 1627.*)

Cette disposition est commune à toutes les bordigues, elle est générale, sans exception ;
c'est à tort qu'on prétendrait ne pas s'y conformer.
M. le comte de Galliffet, qui possède une bordigue
à Martigues, avait plusieurs fois tenté de se soustraire à des obligations précises ; mais ses exigen-
ces furent repoussées par diverses décisions ; de
ce nombre sont : 1° un Arrêt du Conseil d'État,
à la date du 21 décembre 1790, qui ordonne que
l'Ordonnance de 1681 sera suivie, selon sa forme
et teneur, dans les étangs de Berre et de Caronte
et golfe de Martigues; en conséquence, déclare
que la pêche sera et demeurera libre dans lesdits
étangs et golfe, comme dans le reste de la mer,
sans que les sieurs de Galliffet puissent y préten-

dre ni exercer aucuns droits autres que ceux résultant des titres de concession de leurs bordigues; veut au surplus que l'Arrêt de la Chambre des Comptes de Provence du 9 avril 1568, et les arrêts et réglemens rendus en conformité, soient exécutés par provision, etc.

2° Un jugement du tribunal d'Aix qui maintient les pêcheurs de Martigues dans le droit de tendre des filets appelés palladières à l'embouchure de la bordigue de M. de Galliffet, et déboute ce dernier qui voulait les en empêcher.

Ainsi donc toutes les bordigues doivent être curées et les canaux avoir cinq pans ou quatre pieds d'eau ;

Les propriétaires ont seuls le droit d'y pêcher;

Ils sont tenus de laisser libre le passage aux navires ;

Ils ne peuvent jeter la boue provenant du curage dans les canaux, étangs et ports ;

Ils ne sont pas fondés à s'opposer à ce qu'on aborde et prenne port le long des canaux et sèdes;

Enfin, il leur est défendu de prolonger les canaux et sèdes au-delà des termes.

Le propriétaire d'un navire qui serait retardé dans sa marche par le défaut de curage des canaux, ou qui éprouverait un préjudice quelconque par suite de la même cause, réclamerait, avec raison, des dommages-intérêts contre le propriétaire de la bordigue.

Le tribunal admettrait également la demande tendante à la destruction de tout ouvrage qui empêcherait la liberté de la navigation, sans qu'on pût opposer contre elles, ni la prescription, ni la possession; la prescription, parce qu'on ne peut prescrire le domaine des choses qui ne sont pas dans le commerce; la possession, parce qu'elle ne saurait être invoquée pour un objet imprescriptible.

Il est facile de s'apercevoir que la propriété des bordigues est soumise à de grandes servitudes, et qu'on n'y rencontre pas le droit indéfini d'user et d'abuser de la chose, car indépendamment de toutes les entraves nécessitées par l'intérêt public, il est un temps de l'année où tout appareil de pêche doit disparaître, et les canaux être entièrement libres.

L'Arrêt de réglement de la Cour des Comptes de Provence du 9 avril 1568 enjoignait de tenir les bordigues ouvertes depuis le 15 mars jusqu'au 25 juin.

L'article 7, titre 4, livre 5 de l'Ordonnance de 1681, fit remonter la prohibition de fermer les bordigues au premier mars, et en fixa la cessation au dernier juin, sous peine de 300 francs

d'amende. Il est donc étonnant que les propriétaires d'icelles aient presque partout continué de
ne les ouvrir que le 15 mars , et de les fermer le
25 juin.

Feignent-ils d'ignorer que les dispositions de
l'Ordonnance de la marine de 1681 ont dérogé
à ce qui était précédemment établi ? Les employés de l'administration de la marine fein-
draient-ils la même ignorance ? Il est difficile de
le penser, et plus difficile encore d'expliquer leur
tolérance à cet égard.

Les propriétaires de ces pêcheries sont en faute,
l'usage ne les excuse pas, et la continuation d'une
faute ne saurait établir un titre en leur faveur ;
aussi, les patrons pêcheurs , capitaines marins et
tous autres intéressés ont le droit incontestable
de réclamer contre cet abus, puisqu'il n'a pas été
jusqu'à ce jour réprimé par les magistrats chargés
de l'intérêt de la navigation et de celui des habitans des communes.

Le motif de cette suspension du droit de propriété , est basé sur ce qu'à cette époque, le
poisson de la mer entre dans les étangs où il
dépose son frai , ce qu'il ne pourrait faire s'il
rencontrait un empêchement quelconque.

Mais soit pendant les mois de l'année où les
bordigues sont ouvertes , soit pendant le temps

où elles sont fermées, le passage est également dû, et l'on ne pourrait réclamer aucuns dommages et intérêts des mariniers dont les bateaux auraient abordé les bordigues, si les propriétaires d'icelles ne justifiaient pas que l'abordage a eu lieu par leur faute ou malice. (*Art.* 8, *tit.* 4, *liv.* 5, *Ord.* 1681.)

Il est de principe que la faute et la malice ne se présument jamais, c'est à celui qui les allègue à les prouver. Il y a malice quand l'abordage a lieu volontairement, par méchanceté et dans le dessein de nuire ; il y a faute, quand il est la suite d'une fausse manœuvre ou de l'inexpérience ; hors ces cas, il y a force majeure et la loi est juste, puisqu'il y a réciprocité en ce sens, que les mariniers dont les bateaux auraient été endommagés en abordant les bordigues, n'auraient aucun recours contre les propriétaires de ces dernières.

Si par contraire un bateau, entrant dans un canal, rencontrait la bordigue entièrement fermée, ou si arrivant sur la capoulière, personne ne la baissait et que le propriétaire de la bordigue éprouvât du dommage, celui-ci le supporterait seul, car on ne pourrait pas dire qu'il y eût faute ou malice de la part du capitaine ou patron pêcheur ; il n'en serait pas de même du préjudice occasioné au bateau, le propriétaire de la bor-

digue en serait responsable ; il y aurait, en effet,
faute et malice de sa part, parce que l'infraction
des lois et réglemens est plus qu'une faute, c'est
un délit.

On vient de voir les droits et les devoirs d'un
chacun relativement à l'emplacement compris dans
les termes des bordigues ; mais antérieurement à
ces bornes, la pêche est libre comme dans le
reste de la mer, et les pêcheurs peuvent s'en
approcher autant qu'il leur plait, pourvu toutefois qu'ils ne causent aucun dommage.

Au reste, les bordigues sont généralement placées dans des canaux et entravent la navigation ;
elles rentrent donc dans la disposition de l'art. 4
du titre 4, livre 5, Ordonnance de 1681, et dès-
lors elles doivent être supprimées.

Les lois, statuts et réglemens de la pêche, et
les usages locaux nécessitaient des juges spéciaux.
On ne pouvait pas les mieux choisir que parmi
les pêcheurs, et ces juges sont connus sous le
nom de Prud'hommes.

Leur institution date de plusieurs siècles, et depuis
l'année 1452 elle a été plusieurs fois confirmée,
notamment par un Arrêt du Conseil du 16 mai
1738, rapporté par Valin ; par l'Arrêt du Conseil
d'État du Roi, servant de réglement pour la communauté des patrons pêcheurs de Marseille, à la

date du 9 novembre 1776; enfin, par les Décrets des 3 septembre et 8 décembre 1790 , et autres établissant cette juridiction en plusieurs ports de mer.

Les pêcheurs ont donc le droit de choisir dans leur sein les juges qui doivent connaître de leurs différends; le mode de leur nomination est simple: les patrons pêcheurs s'assemblent une fois par an, et procèdent à l'élection des Prud'hommes dont il est nécessaire de connaître la compétence et les priviléges.

L'article 5 du titre 2 de l'Ordonnance de la marine de 1681 donnait à l'Amirauté la connaissance de la pêche qui se fait en mer, dans les étangs salés et aux embouchures des rivières, comme aussi celle des parcs et pêcheries, de la qualité des rets et filets, et des ventes et achats de poisson dans les bateaux ou sur les grèves, ports et havres, cette règle quoique générale n'était cependant que pour les lieux où il n'existait pas de juridiction de Prud'hommes. Sans appuyer cette assertion sur d'autres preuves que l'évidence, et en admettant qu'on voulût la contester, il aurait été formellement dérogé à l'article 5 de l'Ordonnance par les Arrêts et Décrets postérieurs.

En effet, on lit dans l'Arrêt du 16 mai 1738 :
« Sa Majesté a maintenu et confirmé les Pru-

« d'hommes élus, en la manière accoutumée, par
« la communauté des patrons pêcheurs de Mar-
« seille, et ce, suivant et conformément à leurs
« titres, dans le droit de connaître seuls,
« dans l'étendue des mers de Marseille, de la
« police de la pêche, et de juger souverainement
« sans forme ni figure de procès, et sans écri-
« tures, ni appeler avocats ou procureurs, les
« contraventions à ladite police, par quelques
« pêcheurs, soit français ou étrangers fréquen-
« tant lesdites mers, qu'elles soient commises, et
« tous les différends qui peuvent naître à l'occa-
« sion de ladite profession entre lesdits pêcheurs :
« fait, Sa Majesté, défenses aux officiers de l'A-
« mirauté de Marseille, et à toutes ses cours et
« juges, de prendre connaissance de ladite police
« et desdits différends ; et à tous pêcheurs de se
« pourvoir, pour raison d'iceux, ailleurs que par-
« devant lesdits Prud'hommes, à peine de nullité,
« cassation de procédures, de 1,500 livres d'a-
« mende et de tous dépens, dommages et intérêts. »

Voilà la compétence des Prud'hommes pour la
police de la pêche et pour tous différends entre
pêcheurs, établie d'une manière claire et précise.

L'Arrêt du 9 novembre 1776 la confirme :
« Les Prud'hommes de la communauté des pa-
« trons pêcheurs, y est-il dit à l'article premier,

« continueront de connaître de tous différends
« qui s'élèveront entre les pêcheurs , et de toutes
« les contraventions qui pourront se commettre
« relativement à la police de la pêche ; confirme ,
« Sa Majesté, dans le droit de juger lesdits diffé-
« rends et contraventions en dernier ressort, sans
« forme ni figure de procès, sans frais , sans
« écriture , sans avocats ni procureurs, etc. » (1)

Enfin, les Décrets des 3 septembre et 8 décembre 1790 les maintiennent dans tous leurs droits.

Ils connaissent de *tous* différends entre les pêcheurs et des contraventions à la police de la
pêche ; aucune limite ne leur est marquée, l'a-
mende qu'ils peuvent prononcer n'est pas fixée ,
ils sont souverains et ils jugent quelle que soit la
quotité de la somme. On avait prétendu qu'il y
avait incompétence toutes les fois que l'amende
prononcée par la loi excédait soixante francs,
et on s'était basé sur l'article 2 du Réglement du

---

(1) Un Décret du 25 avril 1812 institue des juridictions
de Prud'hommes pour les arrondissemens maritimes de Hol-
lande et d'Anvers ; leur compétence et leurs fonctions se
trouvaient établies avec bien moins de prérogatives que
celles des juridictions établies dans les divers ports de la
Méditerranée ; mais ces dispositions pour une localité dési-
gnée étaient étrangères à ces dernières.

9 novembre 1776 ; cette opinion est fausse et les dispositions du réglement ne s'appliquent qu'à l'amende à prononcer contre ceux qui s'opposeraient à l'exécution des jugemens des Prud'hommes, ou qui leur manqueraient de respect. Il n'est besoin, pour s'en assurer, que de lire l'article 2 précité, qui n'est susceptible d'aucune espèce d'interprétation, ce qui prouve que les Prud'hommes sont entièrement libres, et qu'il n'y a que le cas dont il vient d'être parlé qui, en fesant exception à la règle générale, la confirme.

De sorte que si la loi prononçait une peine corporelle pour certaines contraventions, celles-ci n'en seraient pas moins de la compétence des Prud'hommes ; il suffit qu'il s'agisse de la police de la pêche pour que la décision leur appartienne exclusivement, sans distinction entre la peine simplement pécuniaire et la peine corporelle ; la loi ne distingue pas.

Il est vrai que plusieurs jugemens pour délits de pêche ont été rendus par des tribunaux de police correctionnelle ; mais ces antécédens ne prouvent rien, si ce n'est que les juges des tribunaux correctionnels n'ont point connu les bornes de leur compétence, et que les Prud'hommes ont ignoré l'étendue de la leur. En effet, toutes les fois que les parties intéressées ont décliné la compétence des tribunaux civils ou criminels pour demander leur renvoi devant la juridiction des Prud'hommes, droit a été fait à leur exception, et hommage a été rendu à la loi.

Il faut distinguer entre les contraventions à la police de la pêche, et les différends entre pêcheurs; les premières doivent toujours être jugées par les Prud'hommes, soit que ceux qui les commettent soient pêcheurs ou non; quant aux différends, ils ne rentrent dans la compétence de ces juges spéciaux qu'autant qu'ils ont lieu entre pêcheurs, et qu'ils sont relatifs à leur profession. Car il n'est pas douteux que pour tout objet étranger à la pêche, les pêcheurs sont justiciables des tribunaux ordinaires, civils ou criminels, selon qu'il s'agit de contestations civiles ou de délits.

Les différends entre pêcheurs et non pêcheurs, même à l'occasion de la pêche, sont donc étrangers à la juridiction des Prud'hommes, à moins cependant que ces différends proviennent de ce que les derniers se sont livrés à la pêche; alors ils changent de qualité, et ils ne sauraient se soustraire aux obligations de leur nouvel état puisqu'ils en recueillent les avantages.

Il est encore évident, et l'usage et les principes de droit concordent à cet égard, que pour leurs différends, les pêcheurs doivent être jugés par les

Prud'hommes de leur domicile, et que pour les contraventions à la police de la pêche, la connaissance en est dévolue à ceux dans le ressort ou territoire desquels elles se commettent, (chaque juridiction ayant son ressort déterminé.)

La pêche des madragues et bordigues n'est pas soumise à la juridiction des Prud'hommes, parce que les ayant-droit ne sont pas considérés comme pêcheurs, mais sont réputés propriétaires ; il en serait autrement s'ils employaient d'autres procédés que ceux en usage pour ces pêcheries, et s'ils se livraient à tout autre genre de pêche, même dans les lieux à eux concédés.

Les Prud'hommes jugent en dernier ressort et sans écritures. Si cependant ils fesaient comparaître par-devant eux pour une contravention commise hors de leur ressort, ou s'ils rendaient une décision contraire à une loi en vigueur, quel moyen aurait-on pour faire réformer ou annuler un jugement non susceptible d'appel, et dont il ne resterait aucune trace, puisqu'il ne serait pas écrit ? Se pourvoirait-on en cassation ? Mais la juridiction des Prud'hommes, quoique rendant la justice, ne fait point partie de l'ordre judiciaire. Aurait-on recours au Conseil d'État ? Mais la juridiction des Prud'hommes ne fait point partie de l'ordre administratif. D'ailleurs, comment se pourvoir contre un jugement non écrit, et dont il ne resterait aucun vestige? L'institution des Prud'hommes pêcheurs est utile, de tout temps on en a reconnu la nécessité; cette juridiction mérite donc protection et encouragement, elle a, réunies pour la soutenir, l'ancienneté, les connaissances pratiques, la rapidité de la procédure et l'économie des frais.

Les Prud'hommes sont juges souverains, il n'est ni employés de la marine, ni Cours, ni Tribunaux qui aient le droit de s'immiscer dans tout ce qui fait partie des différends entre pêcheurs, et des contraventions qui se commettent relativement à la police de la pêche; ce sont les expressions royales. (*Arrêt du 16 mai 1738.*)

L'indépendance est la base de la souveraineté; sans elle, les Prud'hommes ne seraient plus que des instrumens passifs et serviles. Seulement une fois par année les patrons pêcheurs s'assemblaient devant les officiers de l'Amirauté pour élire leurs juges qui prêtaient serment; c'était à la même époque qu'étaient rendus les comptes des deniers de la communauté. (*Art. 6, tit. 8, liv. 5, Ord.* 1681.)

Le Décret du 8 décembre 1790, en maintenant la juridiction des patrons pêcheurs de la ville de Marseille, et déclarant qu'il serait accordé sur les côtes de la Méditerranée de pareils établissemens à tous les ports qui en feraient présenter la demande, etc., ordonna que les assemblées de la communauté des pêcheurs, pour toutes les élections, et pour la reddition des comptes de recette et de dépense, seraient tenus en présence d'un officier municipal et du procureur de la commune ou de son substitut. Le législateur sentit le danger de laisser aux employés de la marine l'ombre d'une prépondérance quelconque sur des hommes qui leur sont soumis comme marins. L'exécution de ce décret eut lieu pendant plusieurs années, mais tout à coup les commissaires des classes, s'arrogeant les attributions des maires, s'assirent au milieu des juges souverains avec l'intention non équivoque de les gouverner à leur gré.

Nulle loi cependant, on pourrait presque assurer, nul décret, nulle ordonnance ne révoque le Décret du 8 décembre 1790. Comment se fait-il donc que l'administration de la marine se soit arrogée des droits qui ne lui appartenaient pas ? Aurait-elle quelque décision ministérielle enfouie dans ses archives ? En l'admettant, comment les maires ont-ils consenti à lui laisser usurper une partie de leurs attributions ? On l'ignore. Quoi qu'il en soit, il est certain que nonobstant tous réglemens, décisions et circulaires, les dispositions du Décret du 8 décembre 1790 sont encore en vigueur, et que c'est devant les Maires que doivent se tenir les assemblées pour l'élection des Prud'hommes et pour la reddition des comptes de la communauté des patrons pêcheurs.

En effet, pour conserver l'indépendance nécessaire à l'exercice de leurs fonctions, les Prud'hommes doivent être exempts de toute crainte, et ce motif les rend inamovibles et les dispense du service pendant l'année de leur magistrature. Ces principes basés sur la saine raison, sont contestés par les personnes intéressées à les révoquer en doute, et l'on est justement étonné de ne trouver dans la plupart des Prud'hommies, ni papiers, ni documens, ni correspondance, ni même les réglemens qui les instituent et établissent leur compétence. Partout les Prud'hommes se trouvent avilis par l'influence qu'exercent sur eux les plus minces employés de la marine ; les commissaires des classes s'approprient leurs archives, s'immiscent dans leurs délibérations, leur dictent des jugemens, et...... Malheur à celui qui leur résisterait, il se verrait à la fois enlever ses parens et ses proches pour le service de la marine royale, et le jour où cesseraient ses fonctions, précéderait celui de son départ pour se rendre sur les vaisseaux de l'État.

Cette crainte ne serait rien, mais des commissaires de marine ont poussé l'extravagance jusqu'à prétendre qu'ils avaient le droit de lever et faire partir les Prud'hommes dans l'année de leur magistrature ; ainsi donc, le choix des patrons pêcheurs ne convient pas à un commissaire, il n'a, pour le rendre illusoire, qu'à donner un ordre de départ ; un Prud'homme refuse d'obtempérer à une injuste prétention, il suffit de lui envoyer une feuille de route. Quelle absurdité ! Il existe des exemples grossiers des ces prétentions ridicules, un d'eux donnera la mesure des autres.

Le 3o avril 183o, un commissaire des classes dont il convient de taire et le nom et la résidence, n'ayant pu faire souscrire à ses volontés un premier Prud'homme (Président), sans nul égard pour une juridiction instituée et confirmée par les Rois de France, respectée par les Cours et Tribunaux, et maintenue par la révolution, eut recours aux grands moyens. Il. fit appeler chez lui le premier Prud'homme, qui s'empressa de se rendre à une invitation non-obligatoire . et il l'engagea à donner sa démission, lui déclarant que s'il ne se conformait pas à ce qu'il exigeait, il le ferait partir pour Toulon. La réponse du premier Prud'homme fut digne de l'homme qui connaît son indépendance et la dignité de la place qu'il occupe : « *Le choix est fait, je suis prêt à partir.* »

L'effet suivit de près la menace, car le 2 mai

suivant, ce commissaire ayant réuni chez lui tous les autres Prud'hommes, leur défendit d'abord d'ouvrir leur salle ce jour-là ; il le leur permit plus tard, comme si sa permission et sa défense étaient autre chose qu'un acte de démence ; mais il leur recommanda expressément, dans le cas où le premier Prud'homme se présenterait, de le prendre par la main, lui faire quitter son siége et l'expulser de la salle.

Ce dernier avait montré un grand caractère, il était à craindre, d'ailleurs, que les Prud'hommes n'exécutassent pas le plan monstrueux qui leur avait été tracé ; il fallait se hâter de porter le dernier coup pour intimider : c'est ce que fit M. le Commissaire en envoyant, ledit jour dimanche, au premier Prud'homme, et deux heures avant la séance, l'ordre du départ. Il espérait, sans doute, que les prières d'une épouse alarmée feraient plus que des menaces, et qu'il recueillerait ainsi le fruit d'un abus de pouvoir ; vain espoir, le premier Prud'homme se rendit à son poste. Fort heureusement, le scandale qui aurait été la suite des ordres iniques, illégaux et coupables du commissaire des classes, n'eut pas lieu, par défaut d'exécution, et l'injonction de partir faite le matin fut rétractée le soir.

Dans ce jour, la jactance de l'un fut réprimée,

la fermeté de l'autre fut admirée, et chacun, d'après ses actes, obtint de l'opinion publique et sa peine et sa récompense.

Des juges souverains soumis au caprice d'un employé, cela se conçoit - il? Des juges souverains menacés et punis par un employé dépendant et salarié, parce qu'ils veulent conserver leur indépendance, le croirait-on? Des juges souverains esclaves de la volonté d'un simple employé de la marine, a-t-on pu le penser? Peut-on à ce point ravaler la magistrature? Qu'on enlève donc aux Prud'hommes les immenses pouvoirs dont ils sont investis, plutôt que de les rendre illusoires; qu'on arrache de leurs têtes les panaches noirs qui ombragent leurs fronts rembrunis par de longs et pénibles travaux, plutôt que de les souiller; qu'on les dépouille des insignes d'une autorité établie par la loi et que la confiance de leurs pairs leur a conférée, plutôt que de les avilir.

Si l'institution de cette juridiction est imparfaite, que de nouvelles lois la rectifient et ajoutent à ce qui lui manque, qu'on l'abolisse même totalement; mais jusques alors que les Prud'hommes maintiennent leurs priviléges : ils furent sanctionnés par les anciens Rois, reconnus par la Convention, tolérés par l'Empire; il n'est pas permis d'en redouter l'anéantissement sous le règne de la Liberté. Fiers des fonctions qui leur sont confiées, qu'ils soutiennent leur indépendance et ne la sacrifient jamais; que leurs intérêts froissés, les tracasseries qu'on leur suscite et la crainte d'être enlevés à leur famille ne les ébranlent pas; ils seront indemnisés de leurs peines en laissant à leurs enfans leur institution aussi pure qu'ils la reçurent de leurs pères.

L'ouvrage de l'homme offre toujours quelques imperfections, la juridiction des Prud'hommes n'en est pas exempte; il serait donc nécessaire d'établir des règles invariables et dont il ne fut pas permis de s'écarter; il serait indispensable de donner le moyen de faire réformer une décision absurde; il serait utile enfin d'assurer de l'uniformité dans la marche incertaine que suivent les Prud'hommes.

Ils se gouverneront, portent les décrets et les ordonnances qui les instituèrent dans divers ports, d'après les lois, statuts et réglemens en usage à Marseille, autres que ceux des 29 décembre 1786 et 9 mars 1787. Or en quoi consistent ces réglemens? Il n'en existe pas d'autres copies chez les Prud'hommes que celle de Marseille; et cette Prud'hommie, jalouse de les posséder, les cache soigneusement à tous les yeux, ainsi que son livre de la loi, peut-être un de ceux que les Romains con-

servaient religieusement comme étant les inter-
prètes de la volonté des Dieux. L'intention du législateur a donc été méconnue , puisque les
Prud'hommes sont dans l'impossibilité de se conformer à des réglemens qu'on ne leur a jamais
communiqués ; aussi l'usage est leur seule règle,
et encore varie-t-elle journellement selon l'idée des
patrons pêcheurs élus.

Ce défaut d'ensemble fait que les Prud'hommes
de chaque port jugent d'après des usages locaux
et substituent souvent aux usages ce que leur
suggère leur imagination. Les inconvéniens qui
en résultent sont très-graves ; il arrive néanmoins
rarement que les jugemens qu'ils rendent ne
soient pas basés sur l'équité , car si la passion
peut parfois leur faire commettre des fautes, leur
charge est temporaire et de courte durée ; ils sa-
vent que leur puissance finit avec l'année , et que
l'animadversion de leurs pairs ou l'estime de leurs
égaux sera le résultat de leur conduite.

Si on jette ensuite un regard sur la procédure,
quel avantage immense pour une classe pauvre
et laborieuse ! point de citations, point de défenses autres que celles de la partie elle-même , point
d'écritures à l'exception des quittances des amendes
que le Trésorier est tenu de délivrer. (*Art.* 3 *de
l'Arrêt du* 9 *novembre* 1776.) Quelle rapidité

dans l'exécution! Elle doit suivre la prononciation du jugement; à défaut, la saisie s'opère sans significations, sans procès verbaux, sans formalité aucune : il n'y a ni frais, ni perte de temps.

Ces principes régissent en ce moment tout ce qui a rapport à la pêche sur les côtes de la Méditerranée; mais le vague et les lacunes qu'on y aperçoit prouvent combien il est urgent de s'occuper d'un code spécial. Si la pêche libre est la principale ressource de plusieurs villes, les pêcheries exclusives en sont le fléau, et un Code de Pêches Maritimes doit enfin resserrer dans des bornes aussi sages que nécessaires la trop grande liberté qui dégénère en licence, et faire disparaître des entraves enfantées par la féodalité à laquelle elles ont survécu.